OUPS©

Mit Dir...

Mit dir macht alles
   im Leben doppelt
so viel Spaß.

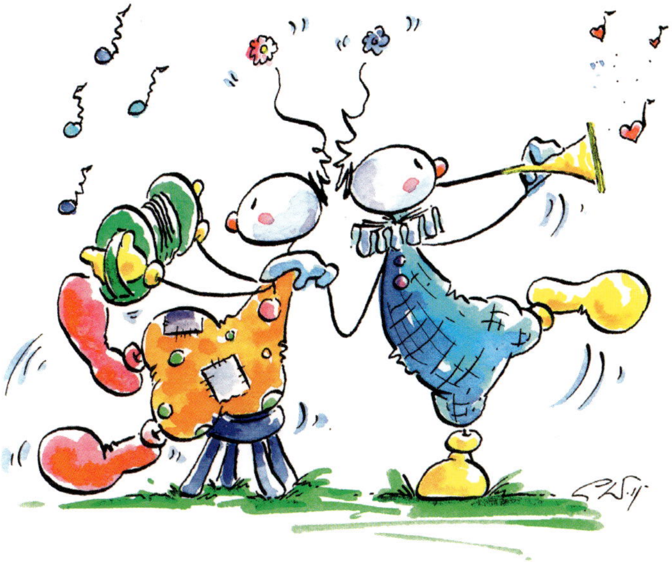

Mit dir ist meine Welt
viel farbenfroher.

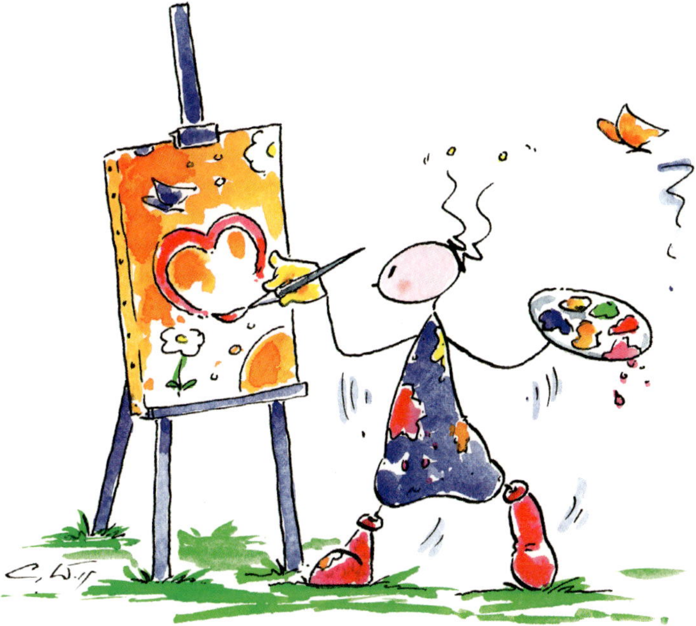

*Mit dir lässt sich
 das Leben
viel leichter schaukeln.*

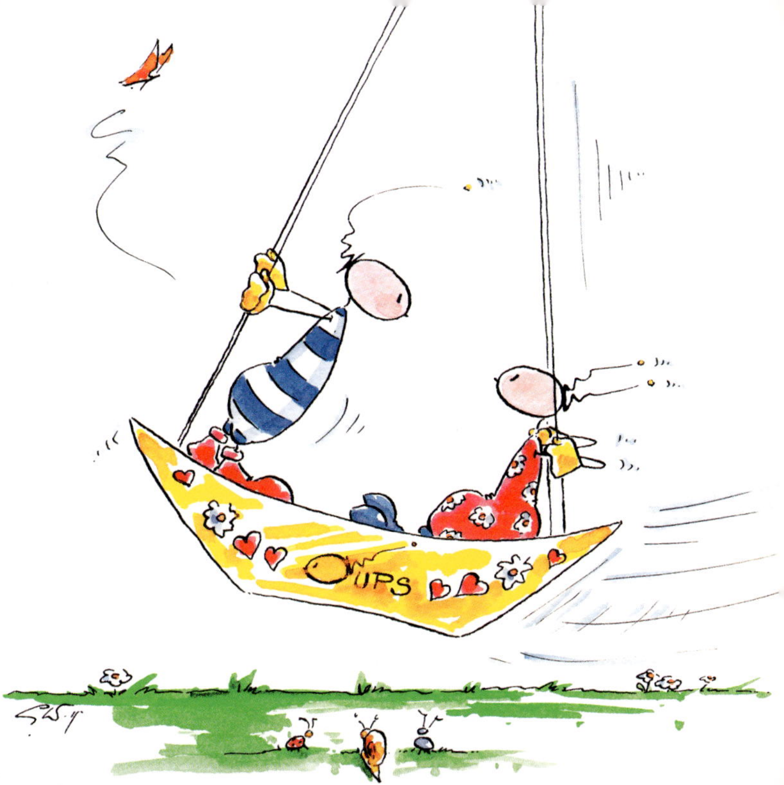
OUPS

Mit dir zusammmen
 bin ich unschlagbar.

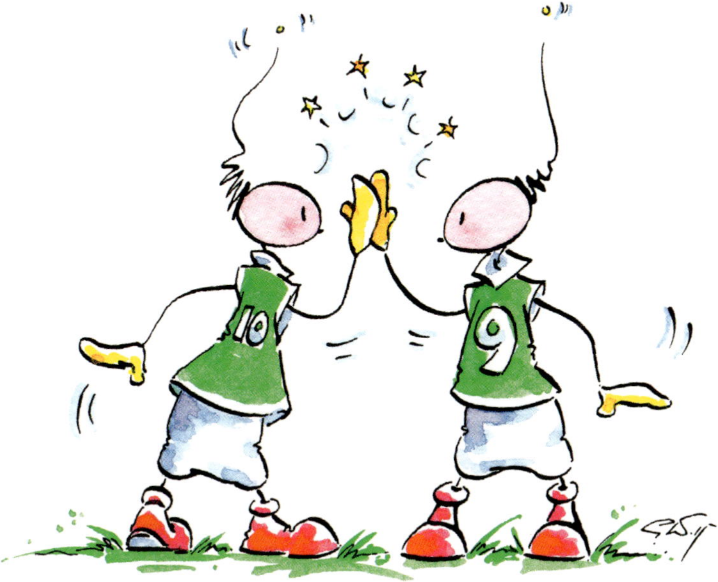

Mit dir lassen
sich die trüben Tage
leichter überstehen.

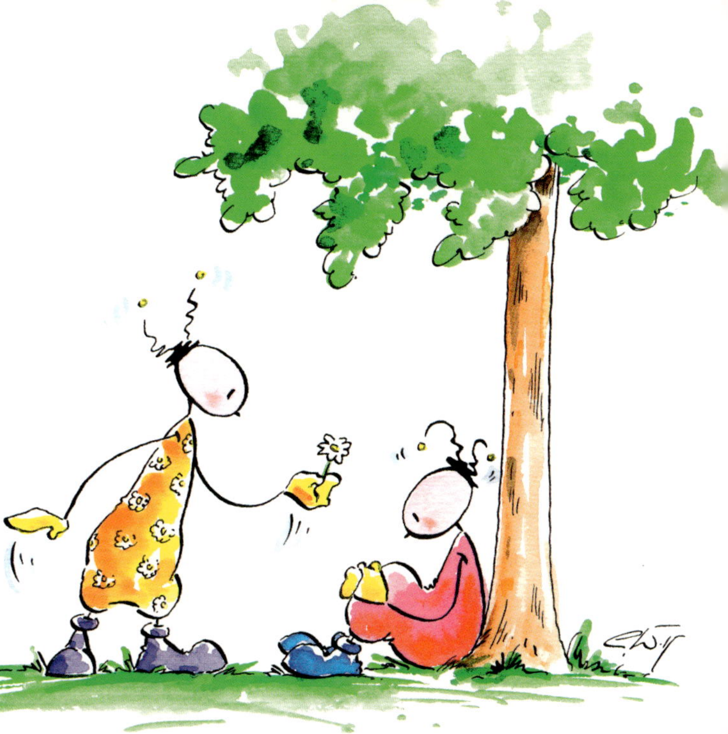

Mit dir hab'
ich den Mut
für besondere
 Herausforderungen.

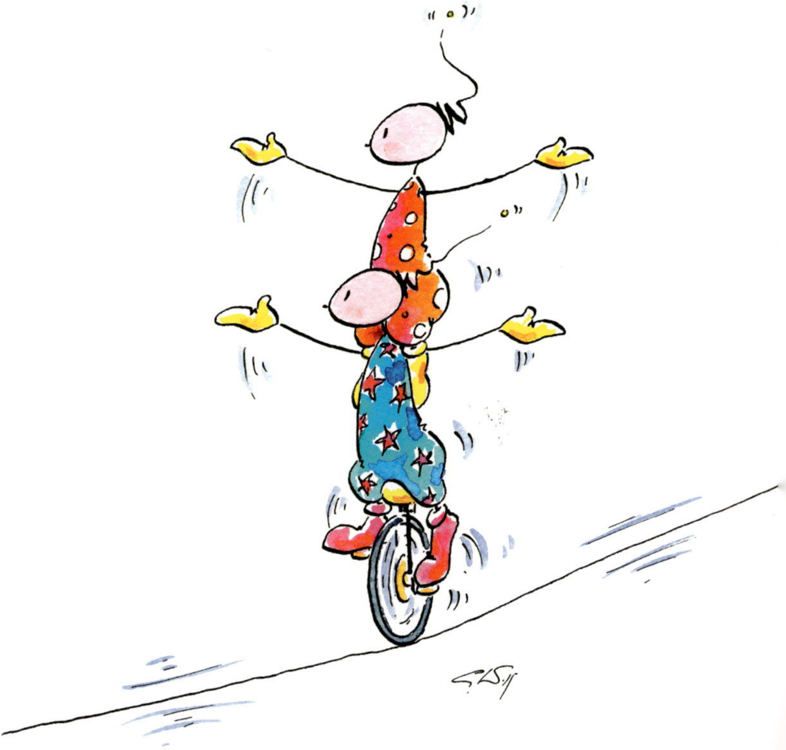

Mit dir falle ich
niemals aus
dem Rahmen.

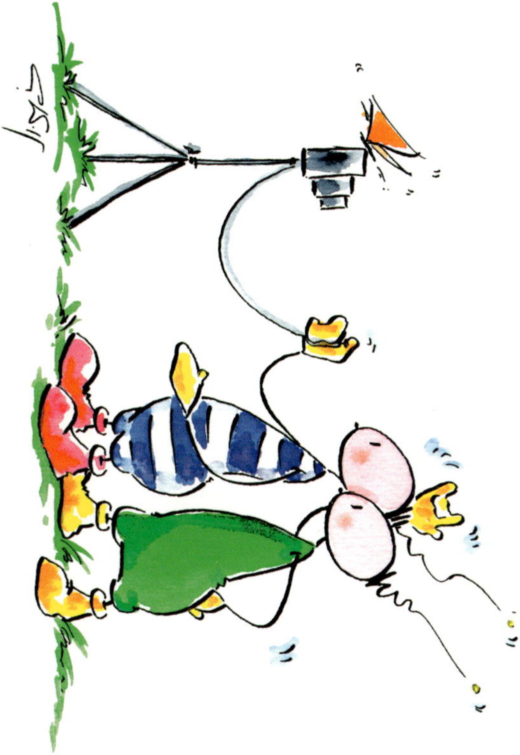

Mit dir sind auch Regentage sonnig.

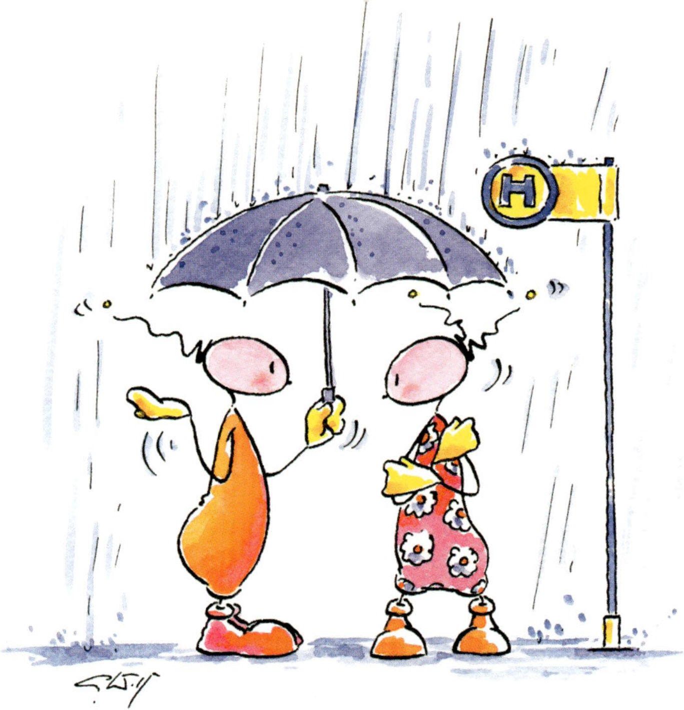
H

Mit dir überwinde ich alle Schwierigkeiten.

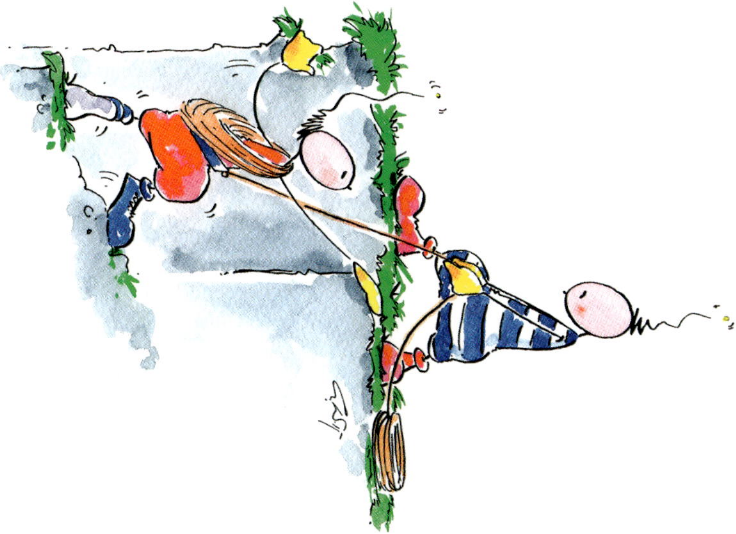

Mit dir entdecke
ich die Wunder
dieser Welt.

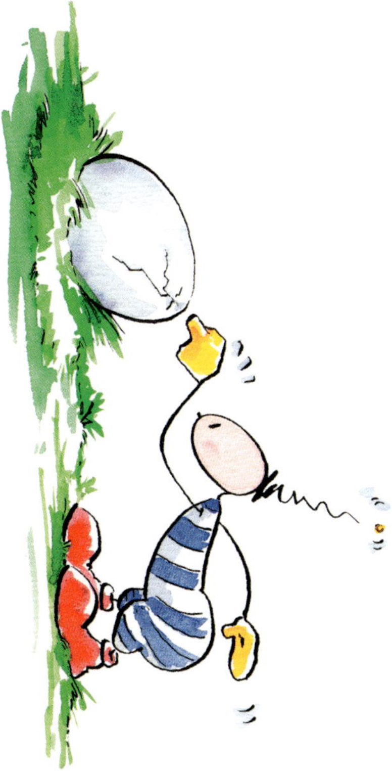

Mit dir lässt es sich gut Pferde stehlen.

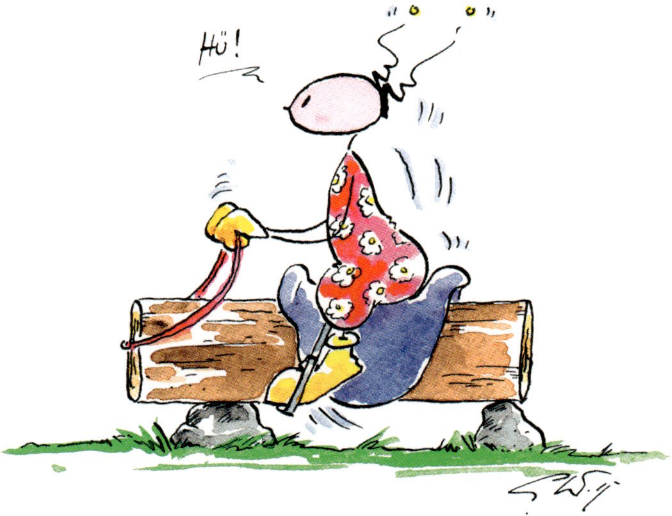
Hü!

Mit dir habe ich keine Angst vor der Dunkelheit.

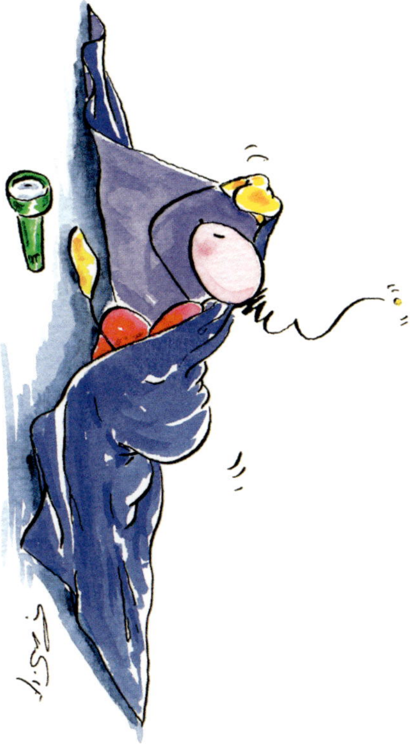

Mit dir scheint jeden Tag die Sonne.

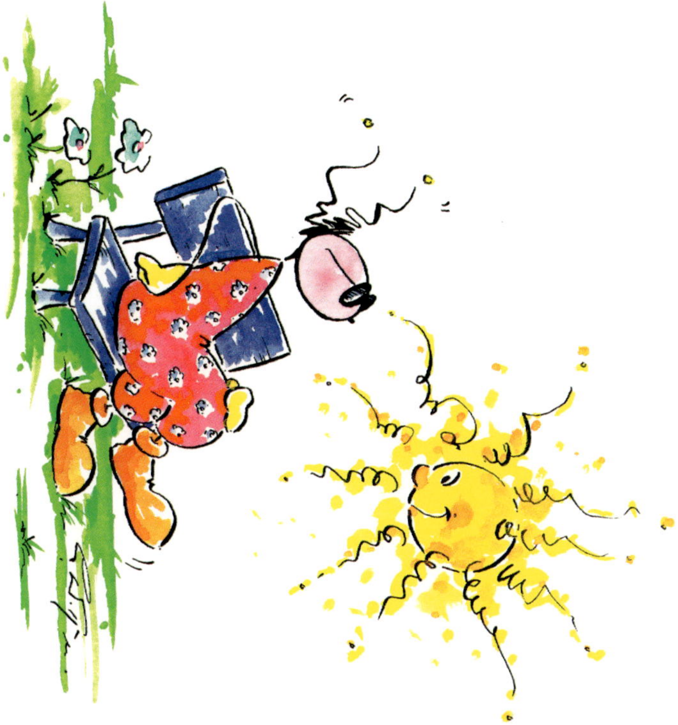

Mit dir möcht' ich
alles Schöne teilen.

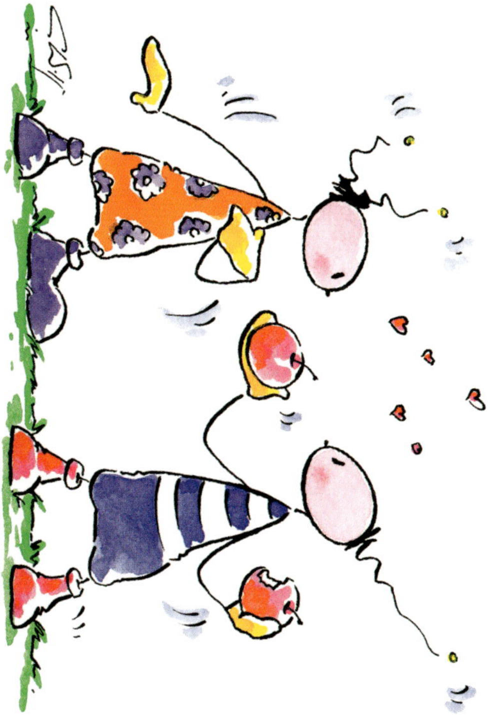

Mit dir steigt mein Lebensglück.

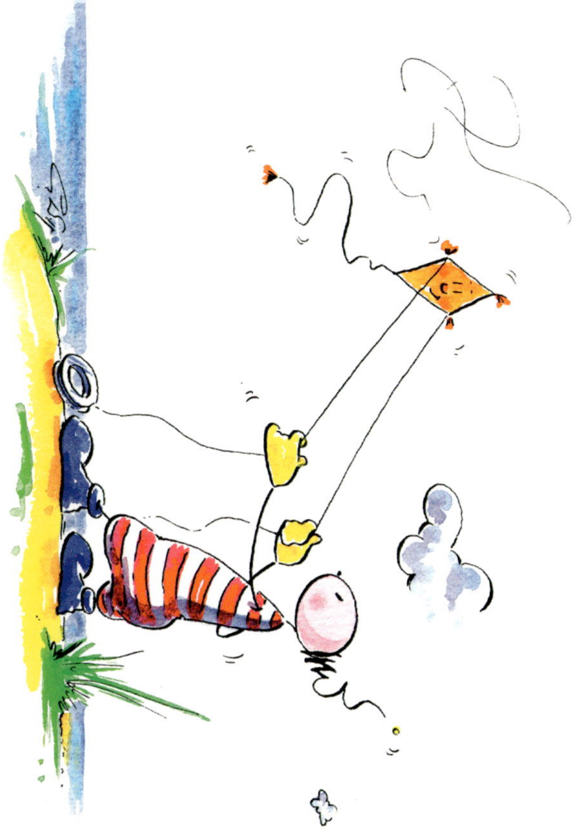

Mit dir bringe ich jedes Eis zum Schmelzen.

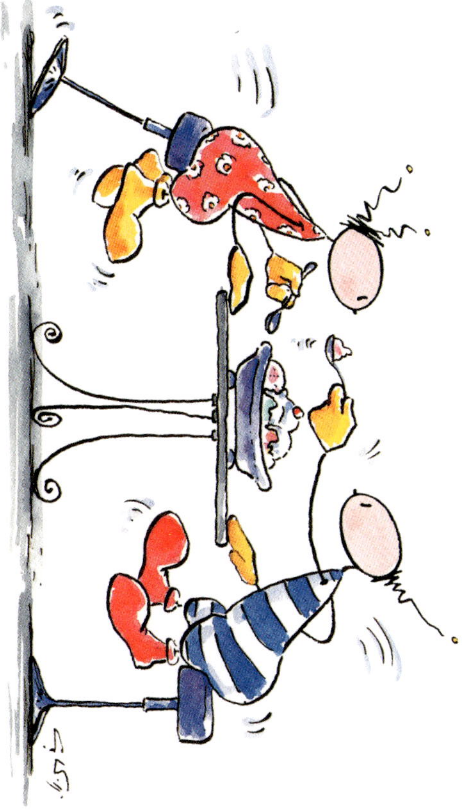

Mit dir ist
das Leben
doppelt so schön.

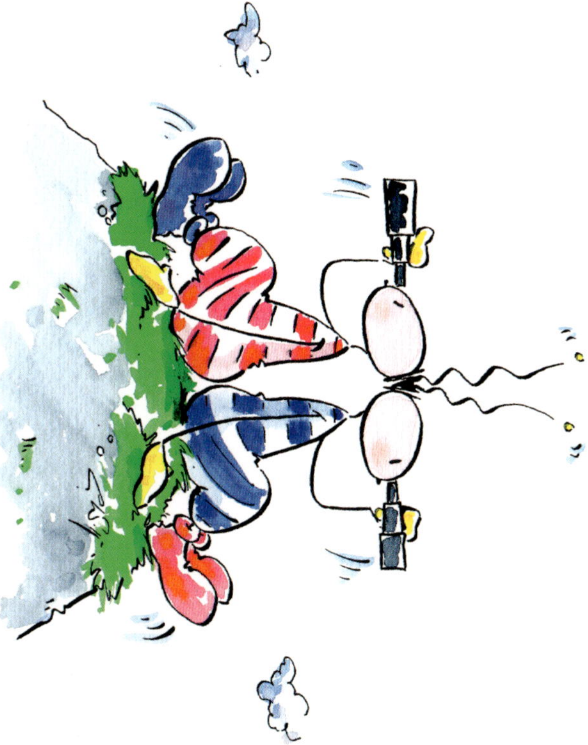

Mehr L(i)ebenswertes von „Oups" finden Sie unter:

www.oups.com